はじめ

　教育を担う文部科学省よりも、経済を担う経済産業省の力が主導して進められているかのような「GIGA スクール構想」。1人1台のパソコンを与えられ、「Society 5.0」を担う「人材」として育てられる子どもたちは幸せでしょうか。

　GIGA スクール構想によって、全ての学校に無線 LAN が整備されたことで、子どもたちは電磁放射線に被曝する機会が増え、被曝量も格段に増しました。自覚する、しないに関わらず、電磁波過敏症（EHS）になる子どもが増えるのではないかと心配です。

　そこで思い出されるのが、2015 年 6 月、校内に設置された無線 LAN から放射される電磁放射線に苦しみ、自殺したイギリスの EHS の少女ジェニー・フライさん（15 歳）のことです。学校側の無理解から無線 LAN を撤去してもらえず、引き起こされた事件でした。

　ついに、日本でも第 2、第 3 のジェニーさんが出てくる環境が GIGA スクール構想によって、出現したのです。

　一方、GIGA スクールと対局にあるのが、「シュタイナー学校」など、子どもたちの実体験を最優先する学校です。そこでは、子どもたちは 16 歳になるまで IT 機器に触れることは学校でも家庭でも禁止されています。いったい、どちらが子どもたちにとって幸せな学校なのでしょうか。

　公教育とは何か、子どもたちを教育環境のなかの電磁放射線被曝から守るためには、何をすればいいのか。本冊子が、それらを考えるとき、何らかの助けになれば嬉しいです。

　　2021 年 12 月 2 日　　　　　　　　　　　　　古庄弘枝

―目 次―

GIGA スクールを基盤とした 令和の日本型学校教育

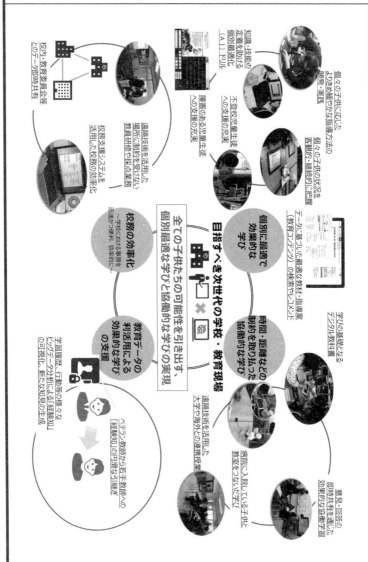

目指すべき次世代の学校・教育現場

全ての子供たちの可能性を引き出す、個別最適な学びと協働的な学びの実現

個別に最適で効果的な学び

- データに基づいた最適な教材・指導資料（教育コンテンツ）の検索やレコメンド
- 学びの基礎となるデジタル教科書
- 知識・技能の定着を助ける個別最適化（A I）ドリル
- 個々の子供に応じたより良い細やかな指導方法の開発・実践
- 個々の子供の状況を客観的・継続的に把握
- 不登校児童生徒への支援の充実
- 障害のある児童生徒への支援の充実

協働的な学び

- 時間・距離などの制約を取り払った協働的な学び
- 遠隔技術を活用した大学や海外との連携授業
- 病院に入院している子供の即時共有を通じた効果的な協働学習
- 意見・回答の即時共有を通じた効果的な協働学習

校務の効率化
~学校における事務を迅速かつ便利、効率的に~

- 校務支援システムを活用した校務の効率化
- 遠隔技術を活用した教員研修や校務実施
- 校内・教育委員会等とのデータ即時共有

教育データの利活用による効果的な学びの支援

- 学習履歴、行動等の様々なビッグデータ分析による「経験知」の可視化、新たな知見の生成
- ベテラン教師から若手教師への「経験知」の円滑なる引継ぎ

（出典：デジタル庁「GIGA スクール構想など教育のデジタル化の推進に向けた政府全体の取組について」2021 年 7 月）

1章

「GIGA スクール構想」とは何か

1−1　1人1台端末と校内高速通信ネットワークの整備

■構想の実現に4819億円が計上

　全国の公立小中学校で、2021年4月から児童生徒に1人1台のタブレット端末が配られました。これは国の「GIGAスクール構想」に基づくもの。GIGAとは、「Global and InnoVation　Gateway for All」の略。意味は、「すべての人にグローバルで革新的な入口を」です。

　同構想は小中学校でのタブレットなど一人1台端末配備と、校内無線LANなどの高速ネット通信整備とを一体的に行なうという政府の施策。初登場は2019年12月5日に閣議決定された「安心と成長の未来を拓く総合経済対策」のなか。

　当初は2023年度末までの実現を目標にしていましたが、コロナウィルス感染拡大のためリモート学習が取りざたされ、前倒しして実施されました。同構想の実現には合計4819億円が計上されています（右頁参照）。

■「個別最適な学び」とは何か

　政府は「GIGAスクール構想など教育のデジタル化の推進に向けた政府全体の取組について」（2021年7月発表）の中で次のように言っています。

　「Society 5.0時代を生きる子供たちに相応しい、全ての子供たちの可能性を引き出す個別最適な学びと協同的な学びを実現するために、「1人1台端末」と学校における高速通信ネットワークを整備する」

　しかし、「個別最適な学び」とは、誰が何を「最適な学び」と判断するのでしょうか。子どもたち1人1人の「能力や適性に応じて」、AI（人工知能）が「最適」と判断した学習プログラムをこなすことが「最適な学び」なのでしょうか。

ＧＩＧＡスクール構想の実現

4,819億円（文部科学省所管）
令和元年度補正予算額 2,318億円
令和2年度１次補正予算額 2,292億円
令和2年度３次補正予算額 209億円

児童生徒の端末整備支援　3,149億円

○ 「1人1台端末」の実現

◆ 国公私立の小・中・特支等義務教育段階の**児童生徒が使用するPC端末**整備
を支援　対象：国・公・私立の小・中・特支等
国立、公立：定額(上限4.5万円)　令和元年度　1,022億円
私立：1/2(上限4.5万円)　令和２年度１次　1,951億円

◆ 国公私立の高等学校段階の**低所得世帯等の生徒が使用するPC端末整備**を支援
対象：国・公・私立の高・特支等
国立、公立：定額（上限4.5万円）　令和２年度３次　161億円
私立：原則1/2（上限4.5万円）

○ 障害のある児童生徒のための入出力支援装置整備

視覚や聴覚、身体等に障害のある児童生徒が、端末の使用にあたって必要となる
障害に対応した入出力支援装置の整備を支援　令和２年度１次　11億円
対象：国・公・私立の小・中・高・特支等　令和２年度３次　4億円
国立、公立：定額　私立：1/2

学校ネットワーク環境の全校整備　1,367億円

○ 小・中・特別支援・高等学校における**校内ＬＡＮ環境の整備**を支援
加えて電源キャビネット整備の支援　令和元年度　1,296億円
対象：国・公・私立の小・中・高・特支等　令和２年度１次　71億円
公立、私立：1/2　国立：定額

学習系ネットワークにおける通信環境の円滑化

○ 各学校から回線を一旦集約してインターネット接続する方法をとっている自治体に
対して、**学習系ネットワークを学校から直接インターネットへ接続する方式に改める
ための整備を支援**　学校施設環境改善交付金の内数
対象：公立の小・中・高・特支等　公立：1/3

ＧＩＧＡスクールサポーターの配置促進　105億円

○ 急速な学校ICT化を進める自治体等の**ICT環境整備等の知見を有する者の
配置経費を支援**　対象：国・公・私立の小・中・高・特支等
公立、私立：1/2　国立：定額　令和２年度１次　105億円

緊急時における家庭でのオンライン学習環境の整備　197億円

○ 家庭学習のための通信機器整備支援

Wi-Fi環境が整っていない家庭に対する貸与等を目的として自治体が行う、**LTE通
信環境（モバイルルータ）の整備を支援**　令和２年度１次　147億円
対象：国・公・私立の小・中・高・特支等　令和２年度３次　21億円
国立、公立：定額（上限1万円）　私立：1/2（上限1万円）

○ 学校からの遠隔学習機能の強化

臨時休業等の緊急時に学校と児童生徒がやりとりを円滑に行うため、**学校側が使
用するカメラやマイクなどの通信装置等の整備を支援**　令和２年度１次　6億円
対象：国・公・私立の小・中・高・特支等
公立、私立：1/2（上限3.5万円）　国立：定額（上限3.5万円）

○ オンライン学習システム（CBTシステム）の導入

学校や家庭において端末を用いて学習・アセスメントが可能な**オンライン学習システ
ム（CBTシステム）の全国展開等**　令和２年度１次　1億円
令和２年度３次　22億円

5

（出典：デジタル庁「GIGAスクール構想など教育のデジタル化の推進に向けた政府全体の
取組について」2021年7月）

1－2 「Society 5.0」を支える人材育成

■「Society（ソサエティ）5.0」とは何か

　政府は2016年1月に閣議決定した「第5期（2016～2020年度）科学技術基本計画」において、「Society（ソサエティ）5.0」を提唱しています。それを「我が国がめざすべき未来社会の姿」として、次のように表現しています。

「サイバー（仮想）空間とフィジカル（現実）空間を高度に融合させたシステムにより、経済発展と社会的課題の解決を両立する、人間中心の社会（Society）」

「Society 1.0（狩猟社会）」「Society 2.0（農耕社会）」「Society 3.0（工業社会）」「Society 4.0（情報社会）」に次ぐもので、「超スマート社会」とも呼ばれています。

　そこでは、現実空間からセンサーやIoT（モノのインターネット）を通じてあらゆる情報が集積（ビッグデータ）され、AIがビッグデータを解析し、高付加価値を現実空間にフィールバックする社会とされています。

　そして、5G（第5世代移動通信システム）は「Society 5.0」の技術的基盤という位置付けです。

■主人公は「Society 5.0」、子どもは「人材」

　文部科学省（以下、文科省）は2018年に「Society 5.0に向けた人材育成－社会が変わる、学びが変わる」と題された報告書を出しています。その文字面にみるように、子どもは「人材」と表現されています。主人公は「Society 5.0」です。

　つまり、文科省が進める公教育は、5Gを基盤としたSociety 5.0を実現するための「人材」を育成する教育だということです。GIGAスクール構想は、Society 5.0を支える「人材」を作るために構想されたと言えるのではないでしょうか。

Society 5.0とは

サイバー空間とフィジカル（現実）空間を高度に融合させたシステムにより、
経済発展と社会的課題の解決を両立する、
人間中心の社会（Society）

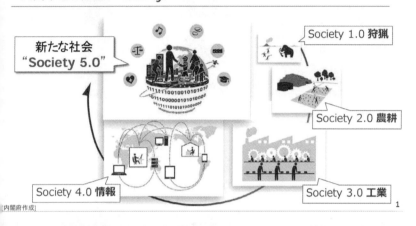

[内閣府作成]

Society 5.0で実現する社会

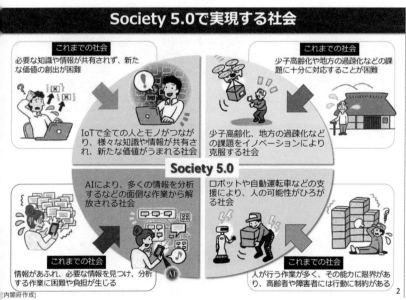

[内閣府作成]

（出典：内閣府「Society 5.0『科学技術イノベーションが拓く新たな社会』」説明資料）

さまざまな5G基地局

3.7GHz 帯用の楽天モバイルの平面型アンテナ（左）
（出典：https://corp.mobile.rakuten.co.jp/news/press/2020/0324_01/）
日本電業工作の 3G ～ 5G（700MHz ～ 6GHz）共用可能な筒型アンテナ（中央）
（出典：https://www.den-gyo.com/product/product01_002.html）
日本電業工作の 4G および 5G（Sub6）用の筒型アンテナ（右）
（出典：https://www.den-gyo.com/product/product01_076.html）

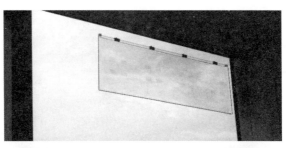

AGC とドコモによる 5G 用のガラス型アンテナ（上）
（出典：https://www.agc.com/news/detail/1200821_2148.html）
日本電業工作の 5G（Sub6）用のフィルム型アンテナ（下）
（出典：https://www.den-gyo.com/news/2021/20210428.html）

2章

教育ビジネス満開の GIGA スクール構想

2-1 Society 5.0は財界と政権による「野合の産物」

■経済界の「欲望」と、政権の成長戦略「手詰まり」

　GIGAスクール構想は、Society 5.0を支える人材育成の役割を担っていますが、そもそもSociety 5.0という概念が浮上してきたのはなぜなのでしょうか。

　児美川孝一郎さん（法政大学キャリアデザイン学部教授）は、「『失われた30年』とも称される日本経済の長期的な低迷を共通の背景として、2つのアクターが協働した結果であると考えるとわかりやすい」（『世界』2021年1月号）と。

　第1のアクターは第2次安倍政権。第2のアクターは財界。「Society 5.0とは、30年にわたる経済低迷に喘いできた経済界の『欲望』と、成長戦略の『手詰まり』を打開したかった安倍政権の思惑とが合致することで産み落とされた、まさに野合の産物なのではあるまいか」（前出書）と記しています。

■学校は教育関連産業の巨大な市場

　GIGAスクール構想において、政府はSociety 5.0を支える「人材」を育成するため、文部科学省の他、内閣官房IT総合戦略室、総務省、経済産業省などが連携して、教育ICT環境を整えています。そのため、学校は教育関連産業の巨大な市場となっています。

　校内通信ネットワークを整備する通信各社。全国の国・公・私立の小・中・特支等の児童生徒が使用するPC端末（上限4.5万円）を提供する民間企業。デジタル教科書・教材、教育コンテンツなどを提供する民間教育事業者。ICT導入・利活用に係るサポート要員を派遣する会社。

　経済界の思惑どおり、公教育の場は、大手IT企業などの草刈り場となっています。

長期にわたる日本の経済的低迷

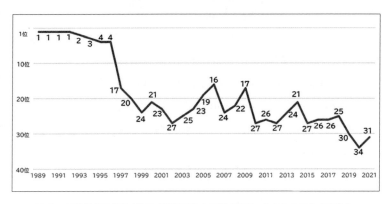

（出典：三菱総合研究所「IMD『世界競争力年鑑 2021』からみる日本の競争力」
2021 年 10 月 7 日）

教育関連産業の巨大な市場となった学校

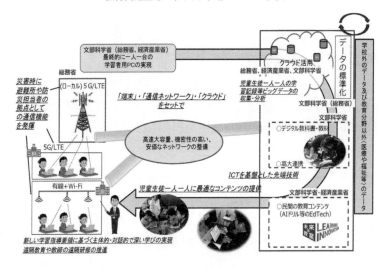

（出典：文部科学省「GIGA スクール構想の実現パッケージ」2019 年 12 月 19 日）

2-2 EdTech、STEAM教育をすすめる経済産業省

■ EdTech と EdTech 導入補助金

国家戦略となった Society 5.0。それに向けた教育の実現に関して、「教育産業室」まで設置して経済産業省（以下、経産省）がすすめているのが、EdTech と STEAM 教育です。

EdTech とは、Education（教育）と Technology（科学技術）を掛け合わせた造語で、AI や動画、オンライン会話といった ICT 技術を活用した教育技法のこと。

経産省は、この EdTech を学校教育現場に試験導入する事業者に対して、その経費を補助する（最大3分の2）事業を行っています。2019 年度補正予算案額は 10 億円、2020 年度第3次補正予算額は 29 億円に上っています。

経産省によると、2021 年3月現在、実施件数は 65 件（企業・コンソーシアム単位）、学校等教育機関数は 4030 校（延べ校数 4696 校）となっています。

■「文理融合の課題解決型教育」STEAM 教育

STEAM とは、Science（科学）、Technology（技術）、Engineering（工学）、Arts（芸術・リベラルアーツ）Mathematics（数学）の頭文字を組み合わせた造語。

STEAM 教育とは、これらを活用した「文理融合の課題解決型教育」（学際研究型・プロジェクト型学習）を意味します。

将来的に科学技術開発や IT 技術に貢献できる人材を育て、国際競争力を向上していくことを目的に、各国で重要視されている概念です。経産省は、STEAM 教育実現に向けた環境整備として、「STEAM ライブラリー」（オンラインの STEAM 教材のライブラリー）の構築なども構想しています。

学びと社会の連携促進事業
令和2年度第3次補正予算額 **29.0億円**

商務・サービスG サービス政策課・教育産業室
03-3580-3922

事業イメージ

(1)EdTech導入補助金（EdTechの学校等への試験導入支援）

（導入サービス事例のイメージ）

● 「自学自習」用デジタルドリル・動画教材
1人1台端末環境で、生徒の学習履歴に基づき、アルゴリズムにより個々の生徒の理解度に合わせた問題を提示。

デジタルとアナログの組み合わせをしながら授業を進めることが可能

● 「協働学習・反転授業」支援ツール
生徒がお互いの回答を一覧で閲覧できたり、教員が生徒の学習状況をリアルタイムに把握しながら、協働学習、反転授業を実現。

生徒がお互いの回答を一覧で閲覧・コメントし、協働学習等が可能

● 「プログラミング学習」ツール
Webデザインやプログラミング等を、ガイダンスに従いながら学び、1人の教員が複数の生徒を同時に指導することが可能。

キャラクターの指示に従うことで個別に学習を進める事が可能

(2) STEAM教育実現に向けた環境整備（STEAMライブラリーの構築等）

● 小・中・高を通じた教科横断のカリキュラム・マネジメント、高校での総合探究・理数探究・公共の開始、高大接続改革に合わせ、教育産業・大学・研究機関・産業界の連携で、社会課題・生活課題の解決を考えるオンラインSTEAM教材のライブラリーを構築する。無料開放し、生徒・教師・研究者・企業人が改良を重ねるコミュニティを育てる。

<令和2年度に開発中のテーマの例：全63テーマ>
・AIって何だろう？機械学習とは？画像認識とは？
・カーボンナノチューブとは何？どうマーケティングする？
・あなたの人生にはお金がいくら必要？「働いて稼ぐ」方法と「お金に働かせる」方法、「期待値」を知ろう。
・タンザニアのような人口密度の低い未電化国では、どんな発電・送電インフラを作るべき？
・カンボジアの貧困層の悪循環を好循環に変えるには？
・航空産業は地球温暖化をどう乗り越える？
・新型コロナウイルス対策を科学しよう 等

STEAM Library
2021 spring OPEN！

42

（出典：経済産業省「令和2年度第3次補正予算の事業概要（PR資料）」2021年1月）

2−3 全国で展開する「未来の教室」実証事業

■「未来の教室」と EdTech 研究会

　経産省に開設された「教育産業室」（2016 年開設）。室長の浅野大介さんは、「商務・サービスグループ　サービス政策課長」を兼ねています。教育産業室の使命は、教育産業や IT 産業を中心とする民間事業者が、これまでよりも容易に学校教育に参入していく道筋をつけることではないでしょうか。

　2018 年には同室が基盤となって有識者会議「『未来の教室』と EdTech 研究会」が発足しています。同研究会は「第 2 次提言」（2019 年 6 月）で、「様々な個性の子ども達が、未来を創る当事者（チェンジ・メイカー）になるための教育環境づくりを、『未来の教室』ビジョンとして提言する」としています。

■「未来の教室」ビジョン 3 つの柱

「未来の教室」ビジョンの柱は次の 3 つです。①学びの STEAM 化　②学びの個別最適化　③新しい学習基盤づくり

　そして、「未来の教室」ポータルサイト（入口）として、次の 3 つを用意しています。① STEAM ライブラリー（SDGs などの課題をテーマにした研究学習コンテンツ集）、② EdTech ライブラリー（「未来の教室」デジタル教材の試験導入への入口）、③学校 BPR（業務改革）道具箱（業務改革と DX による学校の働き方改革の補助ツール）。

　2018 年、経産省は「未来の教室」実証事業を立ち上げ、「学び方改革」の実証事業を希望する全国の学校現場で進めてきました。2021 年 10 月現在、登録されている実証事業の数は 100 件です。また、2021 年 1 月からは実証事業の取り組みを発信する『未来の教室通信』というニュースレターも作成しています。

「GIGAスクール」基盤の上で実現しうる「未来の教室」

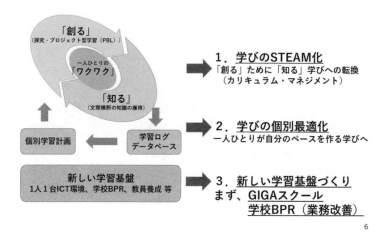

6

（出典：経済産業省「『GIGA スクール構想』の上で描く『未来の教室』の姿」2021 年 1 月）

経済産業省「未来の教室」ポータル

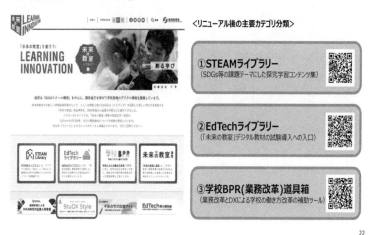

22

（出典：GIGA スクール構想など教育のデジタル化の推進に向けた政府全体の取組について
　　　　2021 年 7 月）

「スマホの時間 わたしは何を失うか」ポスター

（出典：公益社団法人日本医師会、公益社団法人日本小児科医会　2016年12月）

3章

悲鳴を上げる教師と子ども

3-1 「教師のバトン」は「受け取れない」

■教師の道を諦めた

「教師の道を諦めた」。東京新聞（2021年7月30日）に大学4年生で教職課程を履修しているという内尾真優子さん（22歳）の投書が載りました。「教師になりたかった」が、教員採用試験は受けず民間企業に入る予定だ、というものです。理由は、現役教員たちの苦しみに満ちた「＃教師のバトン」プロジェクト（右頁参照）の投稿を読んで、「こんな世界で働ける気がしない」と思ったから。教育実習に参加していた同級生10人弱のうち、教員採用試験を受けたのは1人もいない、とも。

「＃教師のバトン」とは、文部科学省が2021年3月26日に開始したSNSを活用したプロジェクト。現場の教師から教職の魅力を伝え、教師志望者の増加をはかりたいという狙いがありました。ところが、開始直後から労働環境の過酷な実態を訴える声や改革を求める声が相次ぎ、炎上。

NHKの調査によると、開始から1カ月程度でハッシュタグが付けられたツイートはリツイートを含めて225,000件以上。多い日で2万件ちかく。投稿されたキーワードで多かったのは「文科省」「部活」や「残業」など。

■教員採用倍率は過去最低

文科省の調査結果によると、2020年度の公立小学校の教員採用倍率は過去最低の2.7倍（右頁下参照）。中学校は5.0倍、高校は6.1倍と、いずれも前年から減少。全体では3.9倍でした。「13歳のハローワーク公式サイト」によると、小学校教師という職業は「人気職業ランキング」で32位（前回26位）（2021年10月1日〜31日）。若者たちは今、「教師」という職業に魅力を感じられなくなっているのです。

「教師のバトン」のウェブサイト

#教師のバトンプロジェクト【文部科学省】
@teachers_baton

現場で日々奮闘する現職の教師、教職を目指す方々の皆さんで、学校の働き方改革や新しい教育実践の事例、学校にまつわる日常を遠く離れた教師、ベテラン教師から若い教師に、現職の教師から教師を目指す方々に、学校の未来に向けてバトンを繋ぐためのプロジェクトです。

（出典：文部科学省「#教師のバトンプロジェクト」のTwitterアカウント）

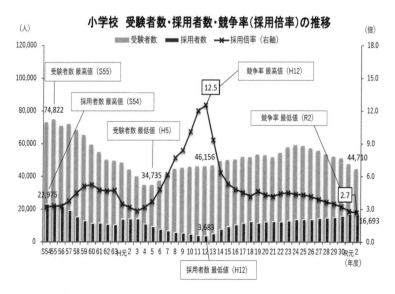

（出典：文部科学省「令和2年度（令和元年度実施）公立学校教員採用選考試験の実施
　　　状況のポイント」2021年2月2日）

3-2 子どもの「不登校」・教師の「休職」 過去最多

■増え続ける子どもの「自殺」「不登校」

　2021年10月13日、文科省は2020年度の「児童生徒の問題行動・不登校等生徒指導上の諸問題に関する調査結果」を発表しました。それによると、小中高生の自殺者は415人（前年度317人）。前年度比31％増で98人増え、過去最多を更新しました。

　小中学生の「長期欠席」は287,747人（前年度252,825人、右頁上参照）。このうち、「不登校」は196,127人（前年度181,272人）で過去最多（右頁中参照）。「不登校」は8年連続で増加しており、約55％の「不登校」の子どもたちが90日以上欠席しています。子どもたちにとって、学校は年を追うごとに、「居場所」ではなくなっているのです。

■精神疾患による「休職」過去最多

　一方、教師も心を病んで、学校を休む人が増えています。文科省が2021年4月9日に公表した2019年度の「公立学校教職員の人事行政状況調査結果」によると、精神疾患による病気休職者は5,478人。前年度から266人増加し、過去最多を記録しました。その内、最も多かったのは小学校の2,647人でした（中学校1,387人）。教師にとって、学校は「病む場所」「働けない職場」になってきています（26頁参照）。

　2021年3月20日、国連が行った「世界幸福度ランキング」調査によると、日本は150か国中56位でした。1位はフィンランド。ちなみに、フィンランドでは「教師」という仕事は、医師・弁護士と同じように子どもたちにとって人気の高い職業だそうです。「教師」が子どもにとって魅力ある職業となっている国が、幸福度も高いと言えるのではないでしょうか。

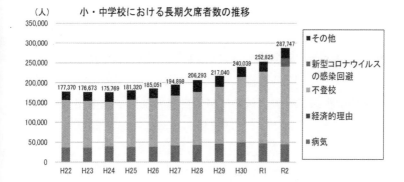

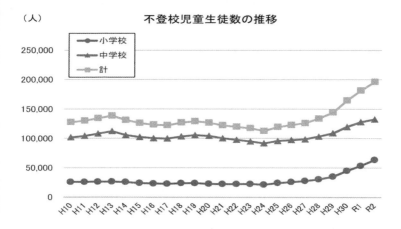

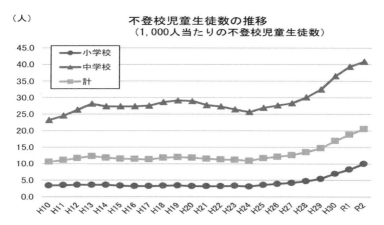

（出典：文部科学省「令和2年度児童生徒の問題行動・不登校等生徒指導上の諸課題に関する調査結果概要」

3-3 「1人1台端末」で小6少女いじめ自殺

■学校で配られたクロームブックが娘を追い詰めた

2020年11月30日夜、東京都町田市の公立小学校に通う6年生の山根詩織さん（仮名）が、自分の部屋で首を吊って亡くなりました。遺書には、「学校でいじめにあって自殺する」「A子とB子にいじめられていた」などと綴られていました。

GIGAスクール構想による「1人1台」端末がいじめに使われたのです。母親の弘美さん（仮名）は、「自殺の直接の原因はいじめですが、学校で配られたクロームブックがそれを助長し、娘を追い詰めた面もあるのではないでしょうか」と[注]。

■端末がいじめの温床に

詩織さんが通っていた小学校の校長は20年前からICT教育の推進者で、「GIGAスクール構想」の旗振り役として知られる人物。同校はICT推進校に選ばれていました。

配布された端末は、時間制限なくゲームし放題、YouTube見放題の設定になっていました。さらに、パスワードは全員共通の「123456789」、IDはクラスごとに前半が同じ数字、末尾の3桁が出席番号でした。

A子とB子は「詩織、ウザイ」「まじ死んでほしい」とチャットのやり取りをしていました。それを同級生が「なりすまし」で覗き見し、いじめに加わっていたのです。詩織さんはそれを配布された端末から見て、知ったのです。遺族は「GIGAスクール構想で配られた端末がいじめの温床になっていて、全国に娘と同じように苦しんでいる子どもがいるのではないか」と（2021年9月13日文科省での会見で）。

東京新聞（2021年10月17日付）によると、東京都内の6区市で端末を使ったいじめが確認できたとのことです。

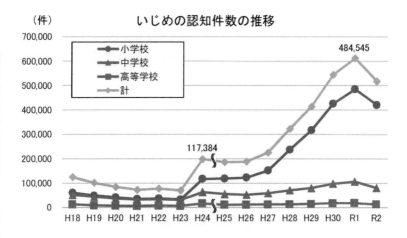

いじめの認知件数の推移

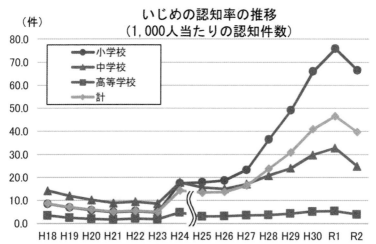

いじめの認知率の推移
（1,000人当たりの認知件数）

※　平成25年度から高等学校通信制課程を調査対象に含めている。
　　また，同年度からいじめの定義を変更している。
（出典：文部科学省「令和2年度児童生徒の問題行動・不登校等生徒指導上の諸課題に
　　　　関する調査結果概要」

（注）PRESIDENT　Online の森下和海さんの以下の記事を参照。
・【告発スクープ】小6女子をいじめ自殺に追い込んだ「1人1台端末」の恐怖（2021
　年9月13日）
・「小6女子いじめ自殺」チャットに書かれた誹謗中傷はなぜ消されていたのか（2021
　年9月14日）
・「小6女子いじめ自殺」校長はいじめを否定し、両親は"お騒がせしてすみません"
　と頭を下げた（2021年9月15日）
・「小6女子いじめ自殺」事件に向き合わなかった名物校長は、教育長に栄転した（2021
　年9月16日）

教員の「病気休職」「離職」状況

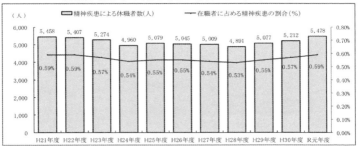

教育職員の精神疾患による病気休職者数の推移（平成21年度～令和元年度）

（出典：文部科学省「令和元年度公立学校教職員の人事行政状況調査について（概要）」
2020年12月22日）

20歳代と50歳代に離職者が多く
教員は定年退職まで半数しかもたない

全国（公立・国立・私立）小中学校離職教員数

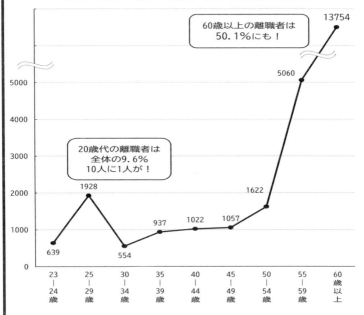

60歳以上の離職者は
50.1％にも！

20歳代の離職者は
全体の9.6％
10人に1人が！

文部科学省2017「教員異動調査」より作成
（提供：山田厚さん）

4章

増加する学校の電磁放射線と世界の安全対策

4-1 全国の学校敷地内に基地局設置計画

■楽天が「GIGA スクール構想支援プラン」

2020 年 3 月 30 日、楽天モバイル（以下、楽天）は、全国の学校向けに「GIGA スクール構想支援プラン」を発表しました。同プランは、楽天の基地局を学校施設内に設置させた場合、光回線を利用した高速ネットワークを無償で提供するというもの。そして、発表と同日、第一弾として千葉市と協定書を締結しました（右頁参照）。協定の期間は 5 年間、2025 年 3 月末までです。千葉市内の小学校 5 校に設置する予定でしたが、保護者の反対もあり、2 校は取り下げとなりました。

設置の決まった 3 校にはまず 4G（第 4 世代移動通信システム）の回線が整備されますが、将来的には 5G（第 5 世代移動通信システム）基地局の設置も見込まれています。同社は浜松市とも協議を続けており、全国に広げたい意向です。

■悪影響は児童や近隣住民へ

5G の特徴は、「超高速・大容量」「超低遅延」「多数同時接続」で、28GHz（ギガヘルツ）帯というミリ波も使われるということです。G（ギガ）とは 10 億倍のこと。28GHz とは 1 秒間に 280 億回振動する電磁放射線の波という意味です。

そんな電磁放射線が敷地内で放射されたら、子どもたちの健康はどうなるのでしょうか。電磁放射線の有害性は、「頭痛」「めまい」「集中力低下」「学習・記憶障害」「DNA 損傷」等々、すでに証明されています。しかし、成長段階にある小学生の脳がさらに 5G の電磁放射線に曝された場合、将来的にどんな弊害が出てくるかは未知数です。

また、基地局が学校の敷地内に建てば、近隣の住民（赤ちゃんもいる）もその悪影響を受けざるを得ません。

千葉市と楽天の間でかわされた協定書

「GIGA スクール構想支援プラン」基本協定書

千葉市（以下「甲」という。）と楽天モバイル株式会社（以下「乙」という。）は、Society5．0時代に生きる子どもたちの未来を見据え、千葉市立の学校における通信ネットワーク環境を整備するとともに、将来的な5Gを活かした先進的な教育環境の実現に向け、次のとおり「GIGA スクール構想支援プラン」に関する基本協定を締結する。

第1条　乙は、千葉市内の学校の敷地内に基地局を設置するため、希望する学校の施設の使用について、千葉市公有財産規則に基づく目的外使用許可申請を行い、許可を受けたものについて、基地局を設置する。

第2条　乙は、基地局を設置している期間において、基地局用の光回線（10Gbps）を基地局が設置完了した学校の校内ネットワーク環境構築用に一部提供し、甲に無償で使用させる。

第3条　基地局の設置に係る目的外使用許可期間経過後、許可の更新があった場合は、乙は前条の光回線の無償提供を継続するものとする。

第4条　乙は、基地局1基の設置完了につき、別途定める金額を千葉市教育みらい夢基金に寄付する。

第5条　乙は、5Gを活用した学習ソフトや遠隔授業の実施に向けた検討及び甲への情報提供を行うことにより、先進的な教育環境の実現に向けた甲の施策に協力するものとする。

第6条　この協定の有効期間は、協定締結の日から令和7年3月末日までとする。

2　協定の更新については、有効期間満了日の6か月前までにいずれかの当事者から書面による特段の申し出がなければ、この協定を5年間更新するものとし、その後も同様とする。

第7条　乙は、第1条の目的外使用の使用期間が満了し、使用許可が取り消され、又は使用が中止された場合、第2条の光回線の無償提供を終了するものとする。

 （中略） 〜〜〜〜〜

令和2年3月30日

甲　　　千葉市中央区千葉港1番1号
　　　　千　葉　市
　　　　代表者　千葉市長　　　　熊　谷　俊　人

乙　　　東京都世田谷区玉川一丁目14番1号
　　　　　　　　楽天クリムゾンハウス
　　　　楽天モバイル株式会社
　　　　代表取締役社長　　　　　山　田　善　久

4－2　Wi-Fiを撤去し曝露を減らしている 世界の学校

「ENVIRONMENTAL　HEALTE　TRUST（環境衛生トラスト）」(EHT) が、ウエブサイトで「Wi-Fiを撤去し曝露を減らしている世界の学校」[注1] を掲載しています。ヨーロッパ、アメリカなど海外の動きを紹介します[注2]。

■ヨーロッパ諸国の取り組み

○フランス

　幼稚園でのWi-Fiの禁止。学校は、初期設定として無線をオフにすることで、Wi-Fiを制限。学校のネットワークは有線化。無線が必要なときのみ短時間オン。小中高校での携帯電話の使用禁止。数年前から被曝を減らすための教育も開始。

○キプロス

　小学校の教室からWi-Fiを撤去。保護者、10代、妊婦を教育する強力な啓蒙キャンペーンを展開。

○ベルギー

　幼児向けに製造された携帯電話を禁止。ヘント（同国で2番目に人口が多い都市）の幼稚園──Wi-Fiを禁止

○イスラエル

　保育園でのWi-Fiを禁止。小学校でのWi-Fiを制限し、教室での携帯電話の使用を禁止。携帯電話の放射線量を減らす方法を教育する国家機関を設置。低周波磁場は4mGに制限。

○フランス領ポリネシア

　保育園からWi-Fiを撤去し、無線を初期設定としてオフ。国として大規模な公衆衛生キャンペーンに着手。

○世界の都市

　イタリアのトリノ、イスラエルのハイファなど、ヨーロッパのいくつかの都市では、市長らが、学校でWi-Fiに変わる

ENVIRONMENTAL
HEALTH TRUST

SCHOOLS WORLDWIDE REMOVING THE WI-FI AND REDUCING EXPOSURE

May 17, 2017

The Councilor for Education Piergiorgio Balboni
disconnects the Wi-Fi at Sant Agostino.
Photo Ciro Lazzarini cronachemaceratesi.it/

Worldwide Movements Towards Safer School Environments

（出典：https://ehtrust.org/schools-worldwide-removing-wifi-reducing-exposure/）

有線ネットワーク導入を呼びかけ。

○欧州評議会

2011 年、欧州評議会の議員会議（PACE）は決議 1815「電磁場の潜在的な危険性とその環境への影響」を可決。欧州政府に電磁場への曝露、「特に脳腫瘍のリスクが最も高いと思われる子どもや若者への曝露を減らすため、特に学校や教室で有線インターネット接続を優先し、学校敷地内の児童による携帯電話の使用を厳しく規制する」ための「すべての合理的な措置を講じる」よう求めた。

○各都市が PACE 決議 1815 の実施を求めている

・スペインで PACE 決議 1815 勧告の実施を要請している自治体──バラカルド、エレンテリアなど20の自治体と議会。

・イタリアで PACE 決議 1815 勧告の実施を要請した自治体

―― ピエモンテ州議会（学校での電磁界曝露を制限する決議をした）、南チロル州議会（無線 LAN、携帯電話、放射線曝露に関する決議をした）、ボローニャ市議会（広報キャンペーンの開始を決議をした）

・イタリアの 500 以上の自治体――安全性を確保するための安全性検査が行われるまで 5G を停止する決議を可決。

■米国の州政府・学区の取り組み
○アメリカ

法律によって学校での無線曝露に対する調査を開始している州政府、より安全な技術に向けて対策を講じている学区あり。

・オレゴン州――2019 年、SB283 という法案を可決。同州保健局に、マイクロ放射線への曝露、特に学校での無線ネットワーク技術使用に起因する曝露の健康影響について、独立した資金提供による専門家が査読した科学的研究をレビューし、2021 年に立法教育議会に報告するように指示した。

・メリーランド州――2017 年、子どもの環境衛生と保護諮問委員会は、有線のインターネット接続を提供することで、学校での無線被曝を減らすための勧告（州初）を発表した。

・カリフォルニア州 PTA―電磁界に関する決議を可決し、電磁界のリスク低減政策についての意思決定者や学校コミュニティを教育し、情報を提供することを決議した。

・ニューヨーク州オンテオラ学区、マサチューセッツ州アッシュランド学区――不使用のときは Wi-Fi をオフにし、デバイスを身体に近づけないようにする「ベストプラクティス」を全ての教室で実施している。

・いくつかの学区（カリフォルニア州ペタルーマ、メリーラン

ド州モンゴメリー郡）では、学校内での Wi-Fi の健康問題を訴える保護者の声を受け、タブレットやノートパソコンは机の上に置く（膝の上でなく）という方針をとっている。

・ロサンゼルス学区——学校の携帯基地局を禁止。生物学的影響の存在を認め、FCC（連邦通信委員会）の制限値の 10,000 倍低い無線曝露の設定にしている。

・マサチューセッツ州乳がん協会——小学生から高校生までを対象とした教育カリキュラムを発表した。

■学校での 5G、教員組合、Wi-Fi を撤去した私立学校
○学校での 5G
　5G テクノロジーは健康に深刻な影響を与えると科学者が警告しているにも関わらず、多くの学校が 5G 機器の試験台になりつつある。

・ニューハンプシャー州——5G の健康と環境への影響を研究する専門家委員会を設置した HB522「進化する 5G 技術の環境と健康への影響を研究するための委員会を設置する法律」を可決。委員会は毎月会合を開き、国際的専門家にインタビュー。会議ノートと議題は全てオンラインで見ることができる。

○教員組合
　決議を出し、要旨説明の資料を作成し、教員と職員の両方のための教育と保護を促している教員組合がある。

・ニューヨーク州教員組合——安全な技術に関する決議を発表し、オンラインセミナー「ワイヤレス技術の危険性と学校での児童と教員の保護」を主催し、その「学校における最善の措置」に関する報道関係者向けの公式発表を出した。

・サンフランシスコ教員組合——携帯電話の使用を減らすための情報を教室に掲示することを呼びかける「安全な技

術に関する決議」を可決。情報提供のオンラインセミナー開催。

・オンタリオ州（カナダ）の初等教育者連盟──2016 年、「Wi-Fi モラトリアム」を呼びかけた。

・カナダ教員連盟──2013 年、報告書「学校での Wi-Fi 使用」を発行。Wi-Fi アクセスポイントやデバイスの潜在的な曝露リスクを回避する方法について国民を教育するための教育プログラムを推奨している。

○ Wi-Fi を撤去した学校

私立学校もまた、無線の発生源を撤去し、保護者、生徒、教員を教育するための措置を講じている。

・Upper Sturt Primary School（オーストラリアの小学校）──「Wi-Fi と携帯電話の方針」を掲げ、私立学校が実際に実施できる方針の例を示している。

・キャッスルヒル高校（オーストラリア）──各教室で教師が使用を決定した場合を除き、ワイヤレス WAP アンテナがオフになるように専用プラグを設置。生徒に携帯電話と無線放射線についての情報を提供し、教育する方針をもつ。被曝を減らすことを公式に推奨。生徒にはデバイスの無線をオフにするように指導している。

・Wi-Fi を廃止した学校 ──L'Isola dei Tesori（イタリア）、Caledon East Children's Centre（カナダ）、City of Lakes Waldorf School（アメリカ）などがある。

（注 1）EHT とは米国の疫学者デヴラ・デイヴィス博士らによって設立された非営利団体のシンクタンク。「Wi-Fi を撤去し曝露を減らしている世界の学校」のサイトは、
https://ehtrust.org/schools-worldwide-removing-wifi-reducing-exposure/
（注 2）『電磁波研会報』125 号（2020 年 7 月 26 日）「学校の Wi-Fi　制限する／制限を求める海外の動き」参照。

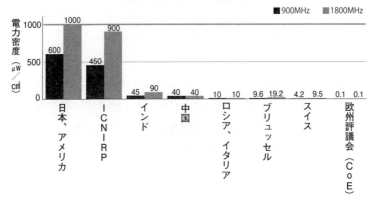

電磁放射線に関する規制値の比較

■900MHz ■1800MHz

電力密度（μW／㎠）

	900MHz	1800MHz
日本、アメリカ	600	1000
ICNIRP	450	900
インド	45	90
中国	40	40
ロシア、イタリア	10	10
ブリュッセル	9.6	19.2
スイス	4.2	9.5
欧州評議会（CoE）	0.1	0.1

（総務省「各国の人体防護に関する基準・規制の動向調査報告書」他を基に作成）

電磁放射線の有害性

① 2011年5月、国際がん研究機関（IARC）が、携帯電話などに使われる電磁放射線に「ヒトへの発がん性があるかもしれない」と評価。

② 今まで世界中で発表されてきた1万以上の査読付き論文が、携帯電話やWi-Fiに使われる電磁放射線が人間に対して悪影響を及ぼすことを実証。その悪影響は、「頭痛」「めまい」「不眠」「成長中の細胞への影響」「DNA損傷」「精子の数減少・品質劣化」「循環器疾患」「認知機能障害」「学習・記憶障害」などなど。

4-3　18歳未満の子どもの遠隔教育におけるデジタル環境セキュリティについて勧告──ロシア

■ロシア政府が家庭の通信環境について勧告

　2020年、新型コロナウイルス（COVID-19）の世界的な流行期間中、「ロシア保健省・子どもの健康と衛生科学調査研究所」と「ロシア非電離放射線防護委員会」が、電磁放射線の被曝を抑えるために、家庭での通信環境について次の勧告を行いました。「18歳未満の子どもの遠隔教育におけるデジタル環境セキュリティ」(注)。

　GIGAスクール構想で電磁放射線への曝露増が懸念されるなか、とても参考になる内容ですので、要約して紹介します。

■「有線」優先、Wi-Fiアクセスポイントから5m以上離す

○18歳未満の子どものための家庭での遠隔教育として、有線でインターネットに接続したパソコンなどを最適な方法として利用することを勧める。無線を使う場合、学習場所はWi-Fiアクセスポイントから5m以上離さなければならない。

○在宅遠隔教育のためのタブレットなどの使用は、15歳以上の青少年に許可する。Wi-Fiアクセスポイントの位置は5m以上離す。タブレットを30度の角度で机に置き、目はスクリーンから50cm離す。端末を膝の上に置いたり、手に持ったり、寝転んで学習することは避ける。

○18歳以下のすべての年代において、教育目的（読書・検索）でのスマホの利用を完全に排除する必要がある。

○どの年代も、通常の本・ノートを使用し、読んだり課業を行ったりすることを勧める。

○6歳未満の子どもは、家庭での教育目的のコンピュータ機器の使用から完全に除外されるべきだ。

Безопасность цифровой среды в условиях дистанционного обучения детей до 18 лет

Рекомендации по организации дистанционного обучения в домашних условиях при временном ограничении посещения школы предназначены для детей и их родителей, для бабушек и дедушек и всех, кто помогает детям учиться дома с использованием цифровых технологий в период вынужденного ограничения обучения в школе и других образовательных учреждениях.

1. Для работы детей до 18 лет дома в режиме дистанционного обучения рекомендуется преимущественно использовать персональные компьютеры и ноутбуки, подключенные к интернету по проводной сети. При использовании беспроводной сети расстояние от точки WiFi до рабочего места должно быть не менее 5 метров.

2. Клавиатуру компьютера (ноутбука) необходимо дезинфицировать антисептиком ежедневно перед началом работы. Монитор также необходимо обрабатывать антисептическим средством со стороны рабочего места.

○6〜12歳の子ども――スクリーン（テレビ視聴を含む）の利用時間は1日2時間以下。

・6〜8歳――1対3（10分学習したら30分休憩）

・8〜12歳――1対2（10分学習したら20分休憩）

○12〜18歳までの子ども――スクリーン（テレビ視聴を含む）の利用時間は1日3.5〜4時間以下。

・12歳以上15歳未満――1対2

（30分間の学習ごとに60分間休憩）

・15歳以上18歳未満――1対1

（45分間の学習ごとに45分間休憩）

○視覚疲労を防ぐため休憩中に「目の体操」、全身疲労を防ぐために「ウォーミングアップ（身体を屈曲する、回す、スクワットなど）」を行う。

○ヘッドフォンを使う必要があるときは、60％の音量で、1時間以内の使用に制限する。

○タブレット端末やスマホを教育目的で、屋外（公園、遊具、その他の場所）で使わないこと。

（注）『アース通信』65号（2020年6月25日）「ロシア保健省が遠隔学習で無線通信機器を使わないように指示」参照。訳文は「いのち環境ネットワーク」のホームページで公開されている。ファイル名「ロシア・COVID-19と家庭通信環境」。

スーパーシティ構想のアイデアに応募した31の自治体

31の地方公共団体がスーパーシティの提案

※複数団体による提案の場合は、1団体とカウント。

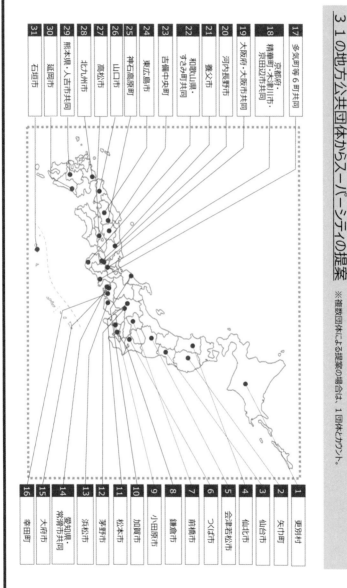

17	多気町等6町共同
18	精華町・木津川市・京田辺市共同
19	大阪府・大阪市共同
20	河内長野市
21	養父市
22	和歌山県・すさみ町共同
23	吉備中央町
24	東広島市
25	神石高原町
26	山口市
27	高松市
28	北九州市
29	熊本県・人吉市共同
30	延岡市
31	石垣市

1	更別村
2	矢巾町
3	仙台市
4	仙北市
5	会津若松市
6	つくば市
7	前橋市
8	鎌倉市
9	小田原市
10	加賀市
11	松本市
12	茅野市
13	浜松市
14	愛知県・常滑市共同
15	大府市
16	幸田町

（内閣府地方創生推進事務局「『スーパーシティ』構想について」2021年11月）

5章

GIGA スクール構想による
電磁放射線被曝を減らす

5−1　新宿区、日高市、札幌市の取り組み

■全ての端末にブルーライトカット・フィルムを貼る―新宿区

　GIGA スクール構想によって全国の学校で無線 LAN の整備が進み、子どもたちが電磁放射線に被曝する環境が加速されました。この状況下、子どもたちを少しでも被曝から守ろうと議会で問題にした議員の方々がいます[注1]。

　新宿区では、よだかれん区議が一般質問（2020 年 9 月議会）で、「使用時以外は無線 LAN のアクセスポイントの電源を切るように」「ブルーライトから目を守るために、配る全ての端末にブルーライトカット・フィルムフィルムを貼るように」と求めました。

　その結果、新宿区は 2020 年 12 月、配る全ての端末にブルーライトカット・フィルムフィルムを貼ることを決めました。

■使用していないときはアクセスポイントを停止―日高市

　埼玉県日高市では、松尾まよか市議が一般質問（2020 年 9 月議会）で、次の 2 点を求めました。
「教室の Wi-Fi アクセスポイントと子どもとの間の距離をなるべく長くとるよう工夫すべきこと」「Wi-Fi 通信を使用しない時間は、アクセスポイントのスイッチを切ること」

　これに対し、市教育部は「電磁波の影響が極力抑えられるよう、アクセスポイントの位置や、使用していないときはアクセスポイントを停止するなど配慮していきたい」と答弁。

　甲府市の山田厚市議の調査（2020 年 11 月）によると、政令指定都市を除く県庁所在地では、約 97％が教室フロアに無線 LAN を設置予定ですが、「常時オン」が 70％、「授業中のみオン」は 1 自治体のみでした。無駄な被曝を避けるためには、最低「使わないときはオフ」という対応が必要です。

■教室ごとに無線 LAN をオフ―札幌市

　札幌市の場合、2017 年から、アクセスポイント（AP）と LAN ケーブルの間に PoE 給電器（LAN ケーブルを通じて電力と情報を送る装置）を設置する仕様になっています。PoE 給電器の電源を切るかプラグを抜けば、教室ごとに無線 LAN をオフにできます。これは、札幌市市議会議員 I さんの働きかけによって実現したもの。

　札幌市教育委員会では、離れた場所からでも PoE 給電器の電源を切れるように手元スイッチも貸し出しています[(注2)]。

アクセスポイント（AP）と LAN ケーブルの間に PoE を設置した札幌市の学校無線 LAN

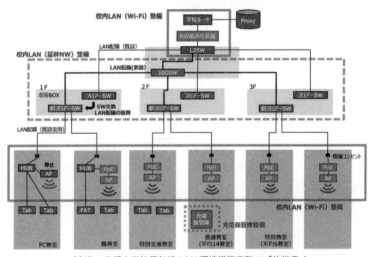

（出典：札幌市学校用無線 LAN 環境構築業務の「仕様書」）

手元スイッチ

（出典：電磁波問題市民研究会のウェブサイト）

（注1）2020 年 11 月 8 日、オンライン開催の「GIGA スクール・電磁波『自治体の現状と私たちにできること―意見交換会』」（「いのち環境ネットワーク」「5G から健康とプライバシーを守る会」「電磁波からいのちを守る全国ネット」共催）参照。
（注2）『アース通信』68 号（2021 年 3 月 8 日）参照。

5-2 電磁放射線被曝の予防策を求める陳情書提出

■多摩市教育長あてに7項目要求

　GIGAスクール構想で「いちばん懸念されるのは子どもたちの電磁放射線被曝だ」として、「いのちと環境を考える多摩の会」(以下、多摩の会) が2021年3月、多摩市の教育長宛てに、次の陳情書を出しました[注1]。

「GIGAスクール構想実施に伴う健康被害の予防策を求めます」。

　陳情項目は、「原則として、校内には有線LANのみを設置してください」など7つ (右頁参照)。

　この陳情は教育委員会で4回審議されましたが、採択には至りませんでした。しかし、「電磁放射線に敏感な子どもについては個別に対応する」などを付帯事項として獲得しました。

■5G基地局設置に関する条例制定陳情は趣旨採択

　多摩の会では、「電磁放射線は環境公害であり、子どもたちや電磁放射線に影響を受けやすい人たちへの配慮は、社会の責任である」という観点から、以下の活動を行ってきました。

① 　基地局設置に関する政策提案 (2014年)

② 　公共施設の無線LANについて (2016年)

③ 　学校の無線LANについて (2018年)

④ 　5G基地局設置に関する条例制定に関する陳情 (2020年)

　④の陳情 (9月) は、「情報公開」「住民への説明」「環境因子に敏感な人々の保護について」の3点を盛り込んだ5G基地局設置を規制する条例を制定してくださいというもの。この陳情は12月定例会で趣旨採択となりました。条例制定には至らなかったものの、2021年3月、多摩市は市議会議長と市長名で、陳情の内容を盛り込んだ要請文を各通信事業者に出しています[注2]。

「GIGA スクール構想実施に伴う健康被害の予防策を求める」ための陳情

いのちと健康を考える多摩の会

①原則として、校内には有線 LAN のみを設置してください。

②①が困難な場合、無線 LAN を使わないときは、アクセスポイントの電源を切ってください。また、使わないときは切るように児童生徒に指導してください。

③アクセスポイントをできるだけ児童生徒から離れた場所に設置してください。

④無線 LAN の電磁波による影響がないエリアを校内に設置してください。

⑤無線 LAN のアクセスポイントがある教室とない教室、また児童生徒がタブレットを使用しているときと使用してないときで、電磁波の測定をしてください。

⑥児童生徒の電磁波過敏症に関する健康質問調査を、1 人 1 台タブレットを使用する前後に実施してください。

⑦子どもの姿勢や視力など、成長の負担にならないようタブレットの使用方法を指導してください。

(注1)『食べもの通信』(2021 年 5 月号)「子どもへの電磁波被害配慮を市民団体が市へ陳情」(いのちと環境を考える多摩の会　共同代表　和田幸子) 参照。

(注2) 5G 基地局設置に関する条例制定についての陳情は、千葉県野田市議会 (2020 年 12 月定例会) にも「野田市民の環境と健康を守る会」から出されている。不採択となったが、同市は携帯電話各社へ「市への事前報告」「住民への事前説明」などを要請した。また、東京都調布市でも 2020 年 3 月、市民の問い合わせ・不安の声を受けて、市は携帯電話各社へ、「事前説明」などの要請を行った。詳しくは各市の HP 参照のこと。『電磁波研会報』133 号 (2021 年 11 月 28 日) 参照。

5-3 スーパーシティのなかにある GIGA スクールは危険増

■ 31 の地方公共団体がスーパーシティに応募

「人工知能 (AI) やビッグデータ、情報通信技術 (ICT) を活用して、最先端の『丸ごと未来都市』を、複数の規制を同時に緩和して実現しよう」。そんな「スーパーシティ構想」の実現をめざすスーパーシティ法案 (「国家戦略特別区域法の一部を改正する法律案」) が 2020 年 5 月 27 日、成立しました。

もし、実現されれば 5G が基幹技術となるため、住民の電磁放射線被曝量が格段に増えます。スーパーシティのなかにある学校の子どもたちは、地域のなかでも電磁放射線を浴び続けることに。子どもを守るためには、住まう地域がスーパーシティに応募していないか確認する必要があります (38 頁参照)。

2021 年 4 月 16 日までに応募した地方公共団体は 31。しかし、政府は応募した全ての 31 団体に対し、10 月 15 日までに再提出を求めました。

■ 河内長野市に「再申請中止」を求める要望書提出

2020 年 5 月、大阪府に住む東麻衣子さんは実家のある大阪府河内長野市南花台がスーパーシティ構想に立候補していることを知りました。化学物質過敏症と電磁波過敏症を発症している彼女にとって、これまで「避難先」となってきた実家がスーパーシティになるかならないかは死活問題です。両親の健康も心配です。

そのため、彼女は「5G 基地局設置条例を望む会・大阪支部」を結成し、6 月、河内長野市に対して「5G 基地局設置に関する要望書」を、10 月には「スーパーシティ構想再申請中止を求める要望書」を提出しました (右頁参照)。いのちを守るためには、自治体の動きに注目し続けることが大事です。

2021 年 9 月 10 日

河内長野市長　島田智明様

河内長野総合政策部長　野川博嗣様

河内長野環境経済部長　島田俊彦様

河内長野都市づくり部長　田中博行様

　　　　　　　　　5G 基地局設置条例を望む会　大阪支部

　　　　　　　　　　　　　　代表　東麻衣子

スーパーシティ構想再申請中止を求める要望書

　日頃より南花台の課題解決のためにご尽力いただき、ありがとうございます。

　内閣府は 8 月 6 日、スーパーシティ型国家戦略特別区域の区域指定に関する専門調査会の第 1 回会合を開催しました。夏までに区域指定を目指していましたが、「大胆な規制改革の提案が乏しかった」「先端的サービスの実現を目指す設計が不十分だった」として応募していた 31 の地方公共団体に対して提案の再提出を求めました。また、「安全性を理由にこれまで阻止されていた規制改革を、住民が安全性に関するリスクを受け入れても、改革すべきだと合意するならば、非常に大きな岩盤規制改革を行える」「例外者はちゃんと説得して、強制力を持って全体最適でやっていくのだという覚悟を負うべきだ」とあり、「個人情報利用」の規制緩和を強く迫っています。5G 技術であらゆるものが繋がる IoT 化が進めば進むほどサイバー攻撃、個人情報漏洩リスク、電磁波への被曝は高まります。スーパーシティには様々な問題が指摘されています。

・サイバー攻撃による個人情報漏洩、都市機能のマヒ

・データ連携基盤（都市 OS）は事業者が構築するため採算が

合わなければ撤退

・5G基地局による電磁波リスク

　2018年12月、国税局の委託先からマイナンバーカードを含む個人情報が70万件流出。2020年1月、三菱電機は大規模なサイバー攻撃を受け、従業員など8122人分の個人情報と政府関連の機密が流出しました。サイバー攻撃を受けると都市機能がマヒする可能性も指摘されています。ハッキングに対して行政はどこまで対応できるのか？　利便性と引き換えに個人情報を引き渡すリスクについて、もっと考えていただきたいです。カナダのトロントではグーグル傘下のサイドウォーク・ラボが鳴り物入りで始めた「スマート・シティ」計画が突然撤退しました。表向きは新型コロナを理由にしていますが、収集したデータの取り扱い、決定における透明性の欠如、プライバシー侵害への懸念に市民が反発、訴訟も起きていました。実際はデータが集まらない＝儲からない＝撤退という図式です。5G基地局の電磁波リスクについては6月9日に提出した「5G基地局設置に関する要望書」の通りです。スーパーシティは一度決まると後戻りできません。

　「我が国のスーパーシティは住民が参画し、住民目線で2030年頃に実現される未来社会の先行実現を目指すもの」とありますが、本当に住民目線なのでしょうか？　スーパーシティは住民のための技術ではなく、技術のために南花台の住民が実験台になるのではと危惧しています。南花台のスーパーシティ構想の再申請を中止してください。よろしくお願いいたします。

〈要望事項〉

　南花台のスーパーシティ構想の再申請を中止してください。

6章

「考える力」を奪う GIGA スクール構想

6-1　ネット利用頻度の高い子どもは脳の発達が止まる

■コンピュータ閲覧時間が長いほど読解力は下がる

　GIGAスクール構想における「ICT（情報通信技術）積極活用」に異議を唱えるのは脳科学者で、東北大学加齢医学研究所所長の川島隆太教授です。彼が最も問題だというのは、「ICTを教育に用いることで子どもたちにどういう利益があるかというエビデンスが一切ない」ということ[注1]。

　「ICT教育不成功」を示す報告の一つにOECD（経済協力開発機構）が実施しているPISA（学習到達度調査）があります。2015年の調査で判明したことは、「学校にパソコンの数が多いほど、数学の成績は下がる」「授業中にインターネットの利用頻度が多いほど、読解力は下がる」ということでした（右頁上中参照）。

■スマホが破壊したのは「学力」ではなく「脳」そのもの

　川島教授は、「スマホ（ICT）使用が学力を低下させる」原因は、「スマホによる頻回のインターネット使用によって、脳発達自体に障害が出ていたと思われる」と言います[注2]。

　彼は、仙台市在住の5〜18歳の児童生徒224人の3年間の脳発達の様子をMRIを使って観察しました。すると、「インターネットをほぼ毎日利用する」子どもは、大脳灰白質体積の増加がほぼゼロ、大脳灰白質の発達が3年間でほぼ止まっているということがわかったのです（右頁下参照）。

　大脳灰白質とは大脳皮質とも呼ばれ、神経細胞層を意味します。大脳灰白質体積が増大するということは、脳活動がより高度に成長しているということです。つまり、インターネット（スマホ）を毎日使えば、大脳全体の発達がほぼ止まるということ。「スマホが破壊していたものは、『学力』ではなく、『脳』そのものであった可能性が高いのです」と川島さん。

学校のパソコン保有数と数学力の関係
学校で生徒あたりのパソコン保有数が多い国ほど、数学の成績が悪くなる

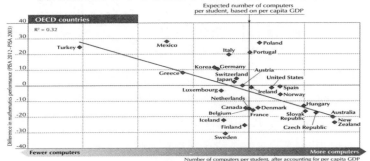

授業中のインターネット利用頻度と読解力の関係
授業中のインターネット利用頻度が多い国ほど、読解の成績が悪くなる

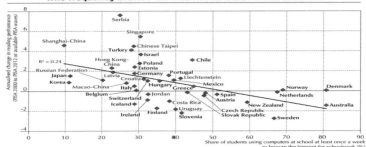

(出典：OECD(2015), Students, Computers and Learning: Making the Connection, PISA, OECD Publishing)

インターネット習慣と3年後の大脳灰白質体積増加の関係

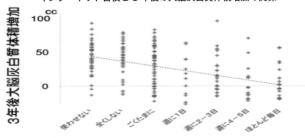

(出典：東洋経済オンライン https://toyokeizai.net/articles/-/403770?page=2)

(注1) PRESIDENT Online（2021年9月25日付）「脳科学者が警告『学校の1人1台端末導入で、日本の子どもはバカになる』森下和海さん記事参照。

(注2) 東洋経済オンライン（2021年1月20日付）「『224人の子の脳』3年追って見えたスマホの脅威　成績が低下してしまう真の要因はどこにあるか」川島隆太さんによる記事参照。

6-2 デジタル機器は子どもの多面的な 経験と体験を奪う

■ビル・ゲイツは自分の子どもたちにスマホを禁止

広く知られるようになった皮肉な以下の事実^(注1)があります。

○マイクロソフト共同創業者のビル・ゲイツは自分の子どもたちに14歳までスマホやタブレットを持たせず、その後も食事中と家族でいるときは、電子機器の利用を禁止した。

○アップルの創業者スティーブ・ジョブズは娘たちにiPhoneもiPadも持たせなかった。

○グーグル幹部をはじめ、西海岸のテック企業幹部の子どもたちが通う、シリコンバレーで一番人気のある学校はシュタイナー教育^(注2)を実践する「ウォルドルフ・スクール・オブ・ザ・ペニンシュラ」。そこでは、13歳より前の子どもたちをテクノロジーに触れさせることを許可していない。理由は「デジタル機器の利用によって、子どもの健康な身体、創造性と芸術性、規律と自立の習慣や、柔らかい頭と機敏な精神を十分に発達させる能力が妨げられるため」。

■「デジタル化時代の子どもの教育憲章」採択

日本シュタイナー学校協会もホームページで、次のように明記しています。「学びにおいても家庭においても、子どもの判断力が自立する16歳ごろを目安として、それまでは彼らがIT機器に触れにくい環境を教師と家庭が相談して整える取り組みを続けてきた」。

教育現場にIT機器が押し寄せてくる世界的潮流に対して、同協会が加盟する国際ヴァルドルフ教育フォーラムは2018年5月、「デジタル化時代の子どもの教育憲章」（右頁参照）を採択しています。7つ目の原則は「経済的な利害関係が、教育の本質を決定することは許されない」です。

デジタル化時代の子どもの教育憲章
国際ヴァルドルフ教育フォーラム（2018 年 5 月採択）

デジタル技術が日常生活に浸透し生活の形を変えている現在、新たな挑戦が社会に向けて、とりわけ教育の分野に向けられている。しかしながら、デジタル化の世の中で子どもに何が必要なのかについての論議は、経済的な関心と利害の側面に偏っている。明日の世界に必要な創造力を子どもにもたらすことができるのは、子どもの成長に基づく教育だけであると、私たちは確信する。

私たちの 7 つの原則
1. 全人的な学校教育は、子どもの発達に合わせて行われる。子どもの成長の基盤となるのは、すべての感覚に訴える多面的な経験と体験である。
2. メディアに習熟することは教育の目標であるが、それは子どもにふさわしい方法によってのみ成し遂げられる。
3. 責任あるメディア教育は、メディア使用のいくつかの危険を考慮し、危険性を最小限にとどめるよう努めると共に、危険性に賢明に対処できるように子どもの力を強めようとする。
4. 子どもの発達原則に基づく教育は、まず始めに子どもの行動力、社会的能力と知力を強め（間接的メディア教育）、その上にメディア使用の能力を築いていく（直接的メディア教育）。
5. 子どもの発達の課題と成長の歩みに基づくメディア教育のカリキュラムは、幼児期と小学校低学年では、原初的な実際の体験に重点を置く。たとえば手で書くことなどアナログメディアもそこに含まれる。この基礎の上に、後の学年において、デジタル機器を用いたメディアの学習を積極的に構築する。
6. 幼児教育施設と学校は、それぞれ独自に、どのように教育と授業を形成するかについて最大限の自由を持たねばならない。それゆえ、教育施設と学校は、学校教育の初期にはアナログメディアだけを用いる権利と可能性を有する。
7. 経済的な利害関係が、教育の本質を決定することは許されない。

（出典：「デジタル教育時代の子どもの教育憲章」
https://waldorf.jp/education/digitalmedia/#charter）

（注 1）『デジタル・ファシズム　日本の資産と主権が消える』（堤未果著　NHK 出版新書）参照。

（注 2）シュタイナー教育とは、20 世紀初めオーストリアのルドルフ・シュタイナー（人智学を確立した思想家・哲学者）が提唱した教育。子どもたちが自分で考え、感じることを大切にし、意思に基づいた行動ができる人間育成をめざす。理念は「教育そのものが総合芸術である」。シュタイナー教育を行う学校は 2021 年 5 月現在、世界各国に 1251 校、幼稚園は 1915 園。日本には学校 7 校、幼稚園 14 園がある。

6-3 公教育が企業に奪われる

■企業のための「教育データの蓄積・流通」

政府の「デジタル社会の実現に向けた重点計画」(2021年6月18日閣議決定)[注1] のなかには、教育に関して次のような言葉が踊っています。「教育データ…更なる標準化を…」「教育データの蓄積・流通…」「教育ビッグデータの利活用…」

政府が、学校や子どもに求めているのは、企業のための、使いかってのいい教育データの提供だけなのでしょうか。

■ GIGAスクール構想の未来像?!

「『教育』という名の5,000億ドル産業　教師を排し子どもをパソコン漬けにするチャータースクールの『ブース教育』」という記事[注2] があります(以下、要約)。

「チャータースクール[注3] のネットワークであるロケットシップ・エデュケーション社[注4] は、「ブース教育」[注5] を全米に普及させると豪語。ベテラン教師を外し、自給15ドルで無資格の大卒者などを臨時雇用。無資格臨時雇用指導者はマザーブースに陣取り、一度に130人の生徒のブース内学習状況をモニター。生徒は1日2時間、ブースの中でPC画面と睨めっこし、パズルに答える形で学習する。

同社の教員の半数が教育経験2年以下で、75%がTFA[注6] から送り込まれている。同社学校の対象になるのは低所得世帯の児童。ビジネス界の大物たちは公立学校を自分の企業の市場として利用し、公教育費用を自社の利潤に変える。教育は彼らにとって5000億ドルの産業だ」

ここに描かれているのは、日本の近未来の学校？　日本の公教育はまさに岐路に立っています。主役は企業ではなく、子どもたちです。

仕切られたブースの中でパソコンに向かう子どもたち

(出典：https://www.labornotes.org/blogs/2013/12/charters-get-kids-cubicle-ready)

(注1)『GIGA スクール構想など教育のデジタル化の推進に向けた政府全体の取組について』(2021年7月)の31頁。「第2部　デジタル社会の形成に向けた基本的な施策　(9)準公共分野のデジタル化の推進　②教育」から。

(注2)人民新聞オンライン　ピープルズニュース(2014年4月10日付)に掲載された『レーバー・ノーツ』(2013年12月13日付)　サマンサ・ウィンスローの記事。

(注3)「チャータースクール」―（記事中の説明）―「親や教員、地域団体などが、州や学区の認可を受けて設置する初等中等学校。公費の補助を受けるが、公的教育規制を受けない」

(注4)「ロケットシップ・エデュケーション社」―（記事中の説明中心に）―拠点はカリフォルニア州シリコンバレー。理事会や顧問には、ゲイツ財団、ウォルトン家族財団、ブロード財団など、企業「教育改革」でお馴染みの顔ぶればかり。後援団体のなかには、フェイスブック、ネットフリックス、スカイプなどの有名なインターネット会社の姿がある。同社の学校は、カリフォルニア州、ウィスコンシン州、テネシー州にある。今後は全国展開し、2017年までに合計生徒数25,000人にする計画。

(注5)「ブース教育」―（記事中の説明）―「児童を狭い仕切り空間に閉じ込めて、コンピュータなどの教育器具を通して、条件反射的な訓練を行い、州主催一斉テストの点数をあげること」

(注6) TFA（ティーチ・フォー・アメリカ）―（記事中の説明）―「ニューヨークに本部がある NPO で、大卒者を教員免許の有無にかかわらず、国内各地の「教育困難」公立校へ送り込む」

電磁放射線過敏症患者たちの切実な訴えと対策法

5Gストップ！　古庄弘枝著

電磁波過敏症患者たちの訴え＆彼らに学ぶ電磁放射線から身を守る方法

長周新聞で7回連載。5Gストップシリーズ第2弾！

「私たちは電磁放射線の危険性を身をもって知っている。だから5G（第5世代移動通信システム）が始まってもその避け方がわかる。だけど、知らない多くの人たちは無防備に被曝するのではないか。特に、子どもたちが心配だ」との電磁波過敏症（EHS）の人たちの声を聞き、本書を企画しました。EHSの人たちの訴えを知らせるとともに、彼らの行っている「電磁放射線から身を守る方法」を広く知っていただきたいのです。

鳥影社刊　ムック判　60ページ　定価550円（税込）

5Gストップシリーズ第1弾！大好評3刷

5G（第5世代移動通信システム）から身を守る
古庄弘枝著

5Gとは何か。何が危険か。身を守る方法は？

2020年に商用サービスが始まった5G（第5世代移動通信システム）は、地球と地球上に生息している全ての生物に対して、その生存をおびやかす脅威です。

目先の利益や便利さのために、動植物の命を傷つけ、地球のシューマン共振に悪影響を及ぼす。それらの行為は、ひいては自分自身の首をしめ(精子の劣化・自然流産・がんの増加・認識機能障害・循環器障害など)、次世代の命をも危険にさらすことになるのです。

鳥影社刊　ムック判　60ページ　定価550円（税込）

ムック判第1弾　好評発売中！4刷

スマホ汚染から赤ちゃん・子どもを守る
（電磁放射線被曝）　古庄弘枝著

「電磁放射線を浴びない権利」の認知を！
自分と大切な人々を電磁放射線から守ってください。

現在の電磁放射線をめぐる社会の状況は、タバコの分煙が常識となる前の状況とよく似ています。携帯電話やスマートフォンをまったく使わない胎児や赤ちゃん、幼児などが、みな一律に電磁放射線被曝を強いられているのです。

ますますひどくなる電磁放射線汚染のなかで、自分や胎児、赤ちゃん、子どもたちを電磁放射線被曝から守るためには、自分で自衛策をとるしかありません。

鳥影社刊　ムック判　56ページ　定価550円（税込）

よかれと思ってつけるその香りが「香害」です！大好評 3 刷

香害から身を守る
（化学物質汚染）

古庄弘枝著

香りが、隣人を苦しめ、大気を汚染している。

香料の正体は、様々な溶剤を添加して作られた化学物質のかたまり。

その化学物質が今、化学物質過敏症 (MCS) を引き起こしています。

まず MCS とは何かを知り、MCS にならないため、させないために本書を役立ててほしい。

鳥影社刊　ムック判　60 ページ　定価 550 円（税込）

赤ちゃんのからだに電磁放射線（スマホの電波）をあびせないで !!

スマホ汚染　新型複合汚染の真実！
古庄弘枝著

電磁放射線、香料、ネオニコチノイド系農薬、遺伝子組み換え食品による「複合汚染」から身を守るために

スマホや携帯電話に使われている電磁波は、原発事故以来、福島原発から放出され続けている放射線と同じ仲間です。

また、「香料」に含まれる有害化学物質、神経を狂わせ洗っても落ちないネオニコチノイド系農薬、遺伝子組み換え食品などによる複合汚染に、私たちは日常的にさらされています。

鳥影社刊　四六判　506 ページ図版多数　定価 1980 円（税込）

身体の中に溜まる電気磁気（邪気）を取り去ることで
ALS・がん・難病に一助二助、ときに大助となる奇跡の療法

ALS が治っている純金製の氣の療法「御申鈇療法」
（筋萎縮性側索硬化症）
御申鈇

古庄弘枝著

体験者の喜びの声が続々と！
ALS の人・すべての難病の人に御申鈇療法を受けてほしいです
（ALS が治り、御申鈇療法師となった島田雅彦さん）
治療をくり返すことで加速度的に心の平穏が得られます（ALS 患者）
御申鈇は家族の苦悩と疲労も癒してくれます（ALS 患者の妻）
トップアスリートたちが絶賛！　痛みがとれ体が動く！
スポーツ選手にとって御申鈇は武器です。鬼に金棒です
（ボクシングチャンピオン）
驚いたのは御申鈇の「異次元の即効性」です
（トップアスレティックトレーナー）

鳥影社刊　四六判　298 ページ　定価 1760 円（税込）

── 書籍の注文は鳥影社まで ──

・FAX　0120-586-771（24 時間受付）

・TEL　03-5948-6470

・Mail: order@choeisha.com

〈著者紹介〉

古庄弘枝（こしょう　ひろえ）

大分県・国東半島生まれ。ノンフィクションライター。

著書に以下のものがある。

『ALS が治っている 純金製の氣の療法「御申鈥療法」』（鳥影社）

『5G ストップ！電磁波過敏症患者たちの訴え＆彼らに学ぶ電磁放射線から身を守る方法』（鳥影社）

『5G（第 5 世代移動通信システム）から身を守る』（鳥影社）

『香害（化学物質汚染）から身を守る』（鳥影社）

『スマホ汚染（電磁放射線被曝）から赤ちゃん・子どもを守る』（鳥影社）

『スマホ汚染　新型複合汚染の真実！』（鳥影社）

『マイクロカプセル香害―柔軟剤・消臭剤による痛みと哀しみ』（ジャパンマシニスト社）

『携帯電話亡国論　携帯電話基地局の電磁波「健康」汚染』（藤原書店）

『あらかい健康キャンプ村 ―日本初、化学物質・電磁波過敏症避難施設の誕生』（新水社）

『見えない汚染「電磁波」から身を守る』（講談社 + α 新書）

『沢田マンション物語 ―2 人で作った夢の城』（講談社 + α 文庫）

『モー革命 ― 山地酪農で「無農薬牛乳」をつくる』（教育史料出版会）

『どくふれん（独身婦人連盟）―元祖「シングル」を生きた女たち』（ジュリアン）

『彼女はなぜ成功したのか』（はまの出版）

『就職できない時代の仕事の作り方』（はまの出版）

『「わたし」が選んだ 50 の仕事』（亜紀書房）

『女たちのロングライフ物語　老人ホームではなく大家族をつくる』（鳥影社）

GIGAスクール構想から
子どもを守る

定価（本体 500 円＋税）

2021年12月21日初版第1刷印刷
2021年12月31日初版第1刷発行

著　者　古庄弘枝
発行者　百瀬精一
発行所　鳥影社（www.choeisha.com）
〒160-0023　東京都新宿区西新宿3-5-12トーカン新宿7F
電話 03-5948-6470, FAX 0120-586-771
〒392-0012　長野県諏訪市四賀229-1（本社・編集室）
電話 0266-53-2903, FAX 0266-58-6771
印刷・製本　鳥影社印刷部
© Hiroe Kosho 2021 printed in Japan
ISBN978-4-86265-943-9　C0030

乱丁・落丁はお取り替えします。